La Bella Mentira

Series: La clase de confesiones

Libro 2: Segunda Edición

Cover Art

Carlos Quintero

Chapter Art

J. Fierro

Novel by

A.C.Quintero

ISBN-13: 978-1547060160

La bella mentira

"La bella mentira" is the sequel to "La clase de confesiones." HOWEVER, it is written also as a stand-alone novel! Major events from part 1 are skillfully interwoven into the first chapter so students can get a taste of the drama, and prepare for even a bigger showdown. This novel is written almost entirely in the present tense. The tale of a young boy with a major crush is the perfect novel for reviewing school vocabulary, classes, relationships, and a wide range of present tense structures in the target language. Your students will connect immediately with the authentic and witty expressions, snarky teachers, and of course, "el amor."

Agradecimientos

Quisiera agradecerles a todos los que han formado parte de este gran proyecto.

Agradezco a mi esposo Carlos, por ayudarme a refinar y confirmar mis ideas. Agradezco a mis estudiantes y a todos los profesores que escogieron esta novela como parte de su curso.

También, agradezco a Cheri y a Bryce Hedstrom por su acogimiento tan cálido. Esta novela no habría sido posible sin la colaboración, las palabras alentadoras y perspectivas distintas de las personas mencionadas.

La clase de confesiones

"La clase de español"

Libro 1

ISBN-13: 978-1540800695

La bella mentira

Contenido

Capítulo 1
La clase de confesiones

Carlos tiene un problema grande.
Acaba de irse de la clase de español, y
está **avergonzado**[1] y triste. Él está
avergonzado y triste porque el profesor de
español **leyó**[2] su reporte en **voz alta**[3] en la
clase. En el reporte, Carlos escribe una
confesión. ¡Él confiesa que está
enamorado[4] de Jessica!

En su reporte para la clase de
español, Carlos escribe comentarios muy
románticos. Y ahora, todos los estudiantes

---

[1] embarrassed

[2] read

[3] out loud

[4] in love with

saben que a Carlos le gusta Jessica. Aun peor, Rubén sabe su secreto.

Rubén es un chico de la escuela, pero no es su amigo. Carlos **no puede ver a Rubén ni en pintura**.[5]

Cuando la clase de español termina, Carlos corre a la clase de matemáticas. Él piensa «Jessica no está en la clase de matemáticas». Pero, en ese momento Carlos recuerda que: ¡Rubén está en la clase de matemáticas!

«¡Ay, no! No quiero ver a Rubén. No quiero hablar con Rubén», piensa Carlos.

Carlos camina a la clase de matemáticas. De repente, ve a Rubén. Rubén observa intensamente a Carlos.

–Hola, "mi amor" –le dice Rubén con una voz romántica.

---

[5] Can't stand the sight of him

Carlos no responde porque está muy avergonzado por su confesión.

–¡Carlos! –grita Rubén

–¿Qué quieres Rubén?

Rubén no le responde. Rubén solo **le tira besos**[6] y le dice:

---

[6] blows kisses at him

–Carlos, «**tú eres el sol que ilumina mi día** ja,ja,ja».

Rubén dice eso porque Carlos escribe «**Jessica es el sol que ilumina mi día**» en el reporte sobre su clase favorita. Rubén y sus amigos **se ríen**[7] mucho. Pero, Carlos no se ríe. Carlos no se ríe porque él está muy avergonzado. Él ya no quiere regresar a la clase de español. No quiere regresar porque Jessica está en la clase. Tampoco quiere regresar a la clase porque él **escribió**[8] comentarios muy malos sobre el profesor Martín.

Carlos mira a Rubén. Después, piensa «va a ser un día muy largo».

---

[7] they laugh

[8] wrote

Capítulo 2
El móvil

Carlos mira al profesor de matemáticas. El profesor está sentado en su escritorio, mirando el libro de texto. La clase va a empezar en unos minutos. El profesor mira a los estudiantes y dice;:

–**Siéntense**[9], la clase va empezar.

Carlos busca su asiento, pero no quiere **sentarse**[10] cerca de Rubén. No quiere sentarse cerca de él, porque no quiere escuchar los comentarios de Rubén.

–Saquen la tarea –dice el profesor.

---

[9] take a seat

[10] seat himself

Después, el profesor camina por la clase y mira la tarea de los estudiantes. Él llega al pupitre de Carlos.

—Carlos, ¿tienes la tarea? –le pregunta el profesor.

—Profe, no la tengo. ¿La puedo traer mañana? Yo **tuve**[11] una práctica de béisbol.

—¿Mañana?–responde el profesor.

—Sí, puedo traer la tarea mañana –afirma Carlos.

—**Más te vale**[12] –dice el profesor.

El profesor camina y habla con otros estudiantes en la clase. Después, regresa a su escritorio y dice:

---

[11] I had

[12] you'd better

—Saquen los libros y los materiales.
Vayan[13] a la página 345 en el libro de
texto.

Carlos no se puede concentrar en
la clase de matemáticas. Él piensa mucho
en su reporte; Jessica ya sabe su secreto.
«**Soy un perdedor**»,[14]piensa Carlos.

—Carlos, saca los materiales —le dice el
profesor de matemáticas.

---

[13] go to (you all)

[14] loser

–¿En qué página estamos?

–Estamos en la página 345. **¡Pilas Carlos!**[15]

Los estudiantes hablan mucho en la clase de matemáticas. El profesor les dice:

–Tienen que completar las actividades en la página 345. No deben hablar tanto. ¡A esta generación le gusta hablar!

Pero, los estudiantes no completan las actividades. Hablan, hablan y hablan.

Carlos abre su mochila y saca los materiales para la clase.

---

[15] pay attention

Saca la calculadora, el libro de texto y el lápiz mecánico. De repente, ve una **luz brillante**[16] en su mochila; es su móvil. Carlos tiene una notificación.

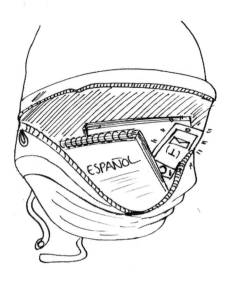

---

[16] bright light

Él toma el móvil para leer el mensaje, pero en ese momento el profesor de matemáticas dice:

—Guarden los móviles. Ustedes van a tener un examen de matemáticas. Ustedes hablan mucho en esta clase. Los estudiantes que hablan mucho, necesitan un examen —grita el profesor.

—¿Qué? ¿Un examen? —pregunta Carlos.

Carlos no quiere tomar el examen porque él no estudia mucho para la clase de matemáticas. Él mira rápidamente el móvil, pero no puede ver el número de la persona, solamente puede ver la primera línea del mensaje. La primera línea del mensaje dice «tengo una confesión». De repente, la pantalla **se congela.**[17]

—¡Nooooo! ¿Qué está pasando? —grita Carlos, frustrado porque no puede ver el

---

[17] his screen freezes

resto del mensaje. Rubén mira a Carlos y se ríe.

   –Carlos, "mi amor", ¿qué pasa? –le pregunta Rubén, riéndose.

       Después, Rubén le tira más besos a Carlos.

       Carlos mira los "besos falsos"y está furioso. Él piensa:

   «¡El mensaje es de Rubén!».

   –¿Qué pasa con mi móvil? –grita Carlos.

El profesor escucha los gritos de Carlos. El profesor observa que él tiene su móvil. Los estudiantes no pueden tener el móvil durante el examen de matemáticas.

–Carlos, **dame**[18] tu móvil –ordena el profesor.

–Por favor, tengo un mensaje –responde Carlos.

–**No me importa**[19] si tienes un mensaje del presidente. ¡Dámelo ahora mismo! –exclama el profesor.

Él continúa:

–Tú no puedes usar el móvil durante el examen.

–Pero, quiero ver el mensaje. Un minuto, por favor.

–Dame el móvil ahora mismo –ordena el profesor en un tono más serio.

---

[18] give me

[19] I don't care if...

Carlos **le da**[20] el móvil al profesor

–¿Cuándo puedo tener mi móvil?

–Después de la escuela…Y ahora, tu
parte favorita de la clase de matemáticas –
dice el profesor con una **sonrisa**[21] grande.

–¿Mi parte favorita de la clase?–
responde Carlos un poco confundido.

–Pues sí, ¡el examen! **Guarda**[22] todo y…
buena suerte, ja,ja,ja –le dice el profesor
de matemáticas.

---

[20] give him

[21] smile

[22] put everything away

Capítulo 3
La vida sin el móvil

A Carlos no le gusta el profesor de matemáticas. **No lo puede ver ni en pintura.**[23] Él es aburrido, estricto y no sabe enseñar las matemáticas. Sus lecciones son muy malas y los estudiantes nunca comprenden las lecciones. Ahora el profesor tiene su móvil y él no puede leer el mensaje.

Hay un examen de matemáticas, pero Carlos no puede pensar en el examen; él piensa en la clase de español. Piensa en su confesión: «**Jessica es el sol que ilumina mi día**».

–Jessica debe pensar que yo soy un idiota –dice Carlos.

---

[23] he can't stand the sight of him

El profesor escucha el comentario de Carlos y le dice:

–¡No puedes hablar durante el examen!

Carlos recibe el examen y mira los problemas de matemáticas. No recuerda nada. No recuerda las fórmulas, tampoco recuerda las ecuaciones.

Después de media hora, el profesor anuncia:

–Son las doce y media. Necesito los exámenes de matemáticas ahora. Es la hora del almuerzo y…¡Tengo hambre!

El profesor toma los exámenes. Cuando él llega al pupitre de Carlos, nota que Carlos no **escribió**[24] mucho en el examen.

El profesor le dice:

–Tienes que hacer la tarea. Si tú no haces la tarea, no vas a sacar buenas notas en los exámenes.

–Profe, yo no puedo pensar… Tengo un problema muy grande.

–¿Un problema de chicas? –pregunta el profesor.

Carlos no quiere hablar con el profesor sobre su problema.

–No es importante…Regreso más tarde por mi móvil.

---

[24] wrote

–Nos vemos más tarde.

Carlos se va de la clase. Está aún más triste. Ahora, tiene muchos problemas: Primero, dice una confesión en la clase de español. Después, **mete la pata**[25] con el profesor Martín. Entonces, Rubén y sus amigos se ríen de él. Luego, el profesor de matemáticas toma su móvil. Finalmente, él no recuerda las fórmulas y las ecuaciones en el examen de matemáticas. El día de Carlos es terrible…pero, su día **va a ser peor.**[26]

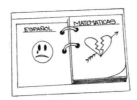

---

[25]puts his foot in his mouth

[26] it's going to get worse

Capítulo 4
La cafetería

Carlos camina a la cafetería. Está furioso porque no tiene su móvil y no puede escribirle un mensaje a Lucas, su mejor amigo. **Espera en la fila.** [27] La fila de la cafetería es larga. Él ordena agua y una hamburguesa. **De repente,**[28] él ve a Jessica; pero, no quiere ver a Jessica. Tampoco quiere hablar con ella. Está avergonzado por su confesión en la clase de español. Cuando ve a Jessica, él quiere caminar en la **dirección contraria.**[29]

---

[27] waits in line

[28] all of a sudden

[29] opposite direction

Sofía está con Jessica. Ella ve a Carlos primero:

–Jessica, mira…Tu héroe romántico está en la cafetería. ¡Qué emoción! –exclama Sofía.

–Sí, es muy guapo. ¿Cómo está **mi maquillaje?**[30] ¿Mi pelo? –pregunta Jessica, nerviosamente.

–¡Estás muy guapa! –declara Sofía.

–Voy a hablar con él –dice Jessica.

–¡Buena idea! –le dice Sofía.

Jessica está feliz porque sabe que Carlos también tiene interés por ella; y el interés es mutuo. En la clase de español, el profesor **leyó** el reporte de Carlos. En su reporte él admite que le gusta la clase de español porque Jessica está en la clase. Él también dice «**Jessica es el sol que ilumina mi día**» y que ella es «**mi media naranja**».[31]

Ella está feliz porque le escribió un mensaje romántico a Carlos. En el

---

[30] How is my makeup? How is my hair? Do I look okay?

[31] soulmate "half of an orange"

mensaje ella también escribe una confesión. Ahora, ella quiere hablar con Carlos.

Jessica camina **hacia**[32] él, pero cuando Carlos ve a Jessica, camina en la dirección contraria. Él no sabe que Jessica tiene interés por él, porque el profesor de matemáticas todavía tiene su móvil. Jessica camina muy rápido detrás de él. Pero, Carlos camina aun más rápido, porque quiere escapar de ella. Quiere escapar porque está avergonzado y tiene mucho miedo. Él piensa que **Jessica va a decirle**[33] «Carlos, eres estúpido. No puedo estar con un chico como tú».

De repente, él escucha su nombre:

–¡Carlos!–grita Jessica.

---

[32] toward

[33] is going to tell him

Él mira a Jessica. Mira sus ojos. Sus ojos son muy bonitos. Él no puede resistir los ojos de Jessica.

–Hola –le dice Carlos, muy nervioso.

Carlos tiene mucho miedo. Tiene mucho miedo porque el **año pasado** [34]una chica de su clase de arte **lo rechazó.**[35] Él piensa que Jessica también lo va a rechazar.

–Hola, Carlos. Quiero hablar contigo sobre tu reporte en la clase de español.

Carlos está nervioso porque no quiere **el rechazo**[36] de otra chica.

–Jessica, tengo una confesión…

–Sí, yo también tengo…

Carlos interrumpe a Jessica:

---

[34] last year

[35] rejected him

[36] rejection

–Todo fue una **mentira.**[37] La verdad es que tú no me gustas. Me gusta otra chica –le dice Carlos.

Carlos le dice una mentira a Jessica.

–Pero, **yo pensé**[38] **que**…

Carlos interrumpe a Jessica:

–Lo siento, pero tú no eres mi chica ideal.

–¿Qué? –pregunta Jessica.

–Adiós, Jessica –dice Carlos.

Carlos se va de la cafetería. Jessica no comprende nada. Ella está triste y confundida.

Después de la conversación, Carlos está un poco aliviado, pero triste porque

---

[37] it was all a lie

[38] I thought

la verdad es que él **está enamorado**[39] de Jessica. Él va al resto de sus clases.

---

[39] in love

Capítulo 5
Después de la escuela

Son las tres y media. Las clases terminan y todos los estudiantes se van de la escuela, excepto Carlos. Él va a la clase de matemáticas. Él va a la clase de matemáticas para **recoger**[40] su móvil. El profesor tiene su móvil. Carlos entra al salón de la clase.

–Buenas tardes, Carlos –dice el profesor.

–Hola, profe, **lo siento**[41] por usar el móvil en clase. Es que yo…

El profesor interrumpe a Carlos:

–Yo lo sé todo.

–¿Qué sabe usted?–le pregunta Carlos.

---

[40] pick up

[41] forgive me/ I'm sorry

–Yo sé lo que **pasó**[42]…en la clase de español- «**Tú eres el sol que ilumina mi día**» le dice el profesor, riéndose.

–¿Qué? –pregunta Carlos.

–Carlitos, tú no eres muy bueno para las matemáticas, pero eres un chico muy romántico –le dice el profesor.

Él continúa:

–¡Necesito tu ayuda con mi **ex-mujer!**[43]

–¿Cómo sabe usted lo que pasó en la clase de español? –le pregunta Carlos.

–El profesor Martín y yo somos muy buenos amigos. Él me escribió un mensaje de texto…Y ¡no me gustan tus comentarios sobre él! ¡Felipe Martín es un buen profesor!

---

[42] I heard what happened

[43] ex wife (woman)

–Espere –¿usted puede recibir y escribir mensajes de texto durante la clase? –le pregunta Carlos.

–Exactamente. Yo soy profesor y tú no.

Después de hablar con Carlos, el profesor abre un **cajón**[44] del escritorio y saca el móvil.

–**Aquí**[45] tienes tu móvil…"**Casanova**[46]" – le dice el profesor riéndose.

Carlos mira su móvil. El profesor mira a Carlos y le dice:

–Debes tener una **contraseña.**[47] Tienes un mensaje de Jessica.

El profesor mira a Carlos otra vez y le pregunta: ¿Es Jessica Rodríguez?

---

[44] drawer

[45] here

[46] charmer, "player"

[47] password

Carlos está furioso porque el profesor tiene su móvil y por eso él no sabe quién le escribe el mensaje. En un tono frustrado, Carlos le dice:

—No sé quién es porque usted **tenía**[48] mi móvil. —¿Usted lee los mensajes de los estudiantes?

—Cuando los estudiantes usan los móviles en mi clase, pues sí, leo los mensajes…¿Tienes más preguntas? Si no, yo tengo que **calificar**[49] los exámenes de matemáticas y **por lo visto**[50], tu examen es el **peor**[51].

Carlos está furioso con el profesor, pero él no le dice nada. Se va de la clase

---

[48] had

[49] grade

[50] from the looks of things

[51] worst

y mira su pantalla. Es verdad, ¡tiene un mensaje de Jessica!

Carlos lee el mensaje:

> **Tengo una confesión. Tú eres el chico de la clase de español. También me gustas –Jessy**

–¿Qué? ¿Le gusto a Jessica? –dice Carlos en un tono feliz. Después, **él salta**[52] y grita: ¡Jessica me quiere! ¡Estoy tan feliz! **¡No soy un perdedor!**[53]

El profesor de matemáticas escucha los gritos de Carlos y sale de la clase.

–¿Por qué gritas? –pregunta el profesor.

---

[52] he jumps up and down

[53] loser

–¡Es verdad, tengo un mensaje de Jessica! ¡Ella me quiere! ¡Ella quiere ser mi novia! –anuncia Carlos.

–Ja,ja- Hay dos mensajes de Jessica...lee el otro mensaje –le dice el profesor.

Carlos mira lentamente su móvil y es verdad; tiene otro mensaje de Jessica.

Él lee el próximo mensaje:

«Carlos, pensé que te gustaba, pero veo que no. Eres un mentiroso[54] y todo lo que escribes en la clase de español es una MENTIRA. No me gustan los mentirosos. Soy alérgica a los mentirosos. No quiero hablar más contigo… y otra cosa… ¡Eres un patán[55]! –Jessy»

Ahora, Carlos está aun más triste. Él mira al profesor; el profesor está sonriendo.

–Carlitos, tranquilo. Eres un chico muy romántico. **Además,**[56] hay más chicas en la escuela. Por ejemplo, Sofía es más tu tipo… –le dice el profesor, riéndose.

Carlos mira el mensaje **una y otra vez**[57] y dice:

–¡Caray! ¡Otro problema!

---

[54] liar

[55] jerk

[56] in addition

[57] repeatedly

Capítulo 6
La bella mentira

Es jueves y Carlos está triste. Está
triste porque tiene la clase de español. La
clase de español ya no es su clase favorita.
Ya no es su clase favorita porque Carlos
escribió[58] un reporte sobre Jessica y todos
los estudiantes **lo escucharon.**[59] La clase
de español ya no es su clase favorita
porque Carlos dice comentarios muy
malos del profesor Martín. Ahora, él está
triste porque no quiere ver a Jessica.
Carlos piensa en el mensaje de Jessica
«**Eres un patán**»[60].

---

[58] wrote

[59] they heard it

[60] jerk

Antes de la clase, Carlos ve a su amigo Lucas, en el pasillo:

–Hola hermano, ¿cómo estás? –le pregunta Lucas.

–No estoy muy bien. Lee esto –le dice Carlos, **enseñándole**[61] a Lucas el mensaje de Jessica.

Lucas lee el primer mensaje de Jessica:

> **Tengo una confesión. Tú eres el chico de la clase de español. También me gustas –Jessy**

Lucas responde:

–¡Excelente! ¡Le gustas!

–No exactamente. –Ahora, lee el otro mensaje –dice Carlos.

---

[61] showing him

Carlos, pensé que te gustaba, pero veo que no. Eres un mentiroso y todo lo que escribes en la clase de español es una MENTIRA. No me gustan los mentirosos. Soy alérgica a los mentirosos. No quiero hablar más contigo… y otra cosa… ¡Eres un patán!
—Jessy

Después de leer el segundo mensaje, Lucas responde:

–¡Caray! Esto no es bueno.

–Yo sé –responde Carlos en un tono triste. Carlos continúa:

–Y ahora tengo la clase de español. Jessica está en la clase.

Carlos le explica la situación a Lucas. Después, Lucas le dice:

–¡Ánimo[62] hermano!

---

[62]take heart!

–Pero, no sé qué hacer –dice Carlos.

–Tienes que ser honesto con ella – comenta Lucas.

–¿Honesto?… pero ¿cómo?

–Pues, habla con ella. **Dile**[63] que tú eres un chico estúpido y que todos necesitamos una segunda oportunidad.

–¿Una segunda oportunidad? –pregunta Carlos.

–Sí, no es muy complicado –admite Lucas.

La campana suena [64]y Carlos entra a la clase de español. Ya no espera a Jessica. Tampoco la mira a ella. Solamente mira al pizarrón. El profesor Martín entra a la clase y Carlos le dice:

–Hola, profesor Martín.

---

[63] tell her

[64] the bell rings

Pero, el profesor ignora a Carlos. El profesor lo ignora a él porque no le gustan sus comentarios inapropiados del otro día. El profesor empieza la clase:

–Hoy vamos a hablar de la novela: "**La bella mentira**".[65]

Cuando Jessica escucha la palabra «**mentira**», ella mira directamente a Carlos.

El profesor saca la novela y empieza la discusión:

–¿Quiénes son los personajes de la novela? –pregunta el profesor a la clase.

Él espera las respuestas de los estudiantes.

Esta vez, Carlos sabe la respuesta porque tiene la tarea. Levanta la mano porque quiere contestar la pregunta. Pero, el profesor ignora a Carlos; escoge a otro

[65] The Beautiful Lie

estudiante. El estudiante contesta la
pregunta.

–Los personajes son Camilo y Julia
–responde Rubén.

–Excelente Rubén –afirma el profesor
Martín.

Rubén está feliz porque él sabe la
respuesta. Él sonríe y mira a sus
compañeros de la clase. Después, él mira
a Sofía y **le guiña el ojo**.[66]
El profesor continúa la lección:

–¿Cuál es uno de los conflictos de la
novela?

Carlos sabe la respuesta **así que**[67]
levanta la mano otra vez. Tiene la tarea y
quiere contestar las preguntas sobre la
novela. Le gusta la novela porque él

---

[66] winks at her

[67] so

puede relacionarse con el personaje
principal: Camilo. Carlos quiere la
atención del profesor.

   –Profe, yo puedo hablar sobre el
conflicto de la novela –grita Carlos, en
voz alta.
   –Espera, no es tu turno –le dice el
profesor Martín en un tono serio.
El profesor escoge a otra estudiante:

–Silvia, ¿puedes contestar la pregunta?

–Sí, profe –responde Silvia.

Silvia mira su móvil porque tiene la respuesta allí. Ella lee la respuesta:

–El conflicto es que Camilo le dice una mentira a Julia.

–Ah, Julia. Sí… Pero, ¿cuál es la mentira? –pregunta el profesor.

–Camilo le dice a Julia que no quiere ser el novio de ella –comenta Silvia.

–¿Por qué es una mentira? –intriga el profesor.

–Es una mentira porque él está enamorado de Julia–responde Darnell.

–Entonces, ¿Por qué le dice que no le gusta? ¿Cuál es su motivo? –pregunta el profesor.

–Camilo **tuvo**[68] problemas con otras chicas en el pasado y él piensa que Julia lo va a rechazar –comenta Natalia.

Cuando Carlos escucha la palabra «**rechazar**», mira a Jessica.

–Excelente Natalia, ahora, ¡tienes muchos puntos de participación! –le dice el profesor.

El profesor continúa la discusión de la novela:

–¿Qué piensa Julia? –pregunta el profesor.

Silvia contesta la pregunta:

–Ella no está feliz porque piensa que Camilo quiere ser su novio. Pero él dice que no es verdad.

–¿Ustedes pueden comprender la situación de Camilo? ¿Es una buena

---

[68] had

persona o es un mentiroso? –pregunta el profesor Martín a la clase.

El profesor mira a Carlos porque sabe que él quiere hablar.

–Carlos, ¿qué piensas? –pregunta el profesor.

Él contesta la pregunta:

–Yo comprendo la situación de Camilo. Él **tenía**[69] problemas con otras chicas. Dice una mentira porque tiene miedo. Al final, él le dice la verdad y eso es más importante.

En ese momento, Jessica también responde.

–Pero, ¡las buenas personas no dicen mentiras! –grita Jessica, mirando a Carlos.

Carlos le responde:

---

[69] had

–No es cierto. Las buenas personas también cometen errores. Las buenas personas no son perfectas.

La clase dice –¡**ohhhhhhhh!**

Carlos y Jessica continúan la discusión sobre la novela.

–Camilo es un mentiroso. Él no le dice la verdad a Julia –dice Jessica.

–Él tiene miedo. No quiere el rechazo de otra chica; él quiere **protegerse**[70] –responde Carlos.

–No, ¡él es un mentiroso y **un cobarde**![71] Jessica mira intensamente a Carlos y le dice:

–A mí no me gustan los cobardes.

---

[70] protect himself

[71] coward

Todos los estudiantes miran a Jessica y a Carlos. Hay mucha tensión en la conversación.

Dos estudiantes hablan:

–¿Ellos están hablando de la novela o de otra situación? –pregunta Silvia a Natalia.

–No sé, pero la conversación es muy interesante –responde Natalia.

Capítulo 7
El debate

El profesor Martín interrumpe a
Carlos y a Jessica y anuncia:

–Clase, ¡tenemos un debate!

Carlos y Jessica caminan al frente de la
clase y debaten la situación de la novela.

Carlos continúa su argumento a favor de
Camilo:

–Camilo quiere ser el novio de ella. La ama mucho, pero tiene miedo…

Jessica interrumpe y dice:

–Camilo es un cobarde, si ama a Julia, él debe decirle la verdad.

–Pero, Camilo quiere protegerse del rechazo. Él la ama a ella, pero tiene miedo. Por eso, es una bella mentira. Él dice una mentira para protegerse –refuta Carlos.

–Las relaciones **honestas se basan**[72] en la verdad y no en las mentiras; no existe la "bella mentira."

La clase responde –**¡ohhhhhhhhhh!**

Carlos piensa en el comentario de Jessica; también piensa en los comentarios de su amigo Lucas. Él le dice:

---

[72] are based on

–A veces los chicos tienen miedo y no son fuertes. Pienso que Julia debe darle una segunda oportunidad a Camilo.

En ese momento, Carlos toma la mano de Jessica y le dice: todos necesitamos una segunda oportunidad. Jessy, yo necesito una segunda oportunidad.

–¡**Vaya!** Este debate es muy romántico –dice Sofía.

Rubén mira a Sofía. Le tira besos y toma su mano, pero ella le grita:

–¡**Suelta**[73] mi mano!

Jessica y Carlos se miran. El profesor los mira y dice:

–Gracias por el debate...tan interesante...

En ese momento, Carlos interrumpe al profesor.

---

[73] let go

—Espere profesor Martín, necesito decir algo importante.

—Ya vamos a terminar la clase —comenta el profesor.

—Necesito hablar con usted y con la clase —responde Carlos.

—Tienes 5 minutos —le dice el profesor. Natalia saca su móvil porque quiere grabar el momento para Snapchat.

—Natalia, guarda tu móvil —ordena el profesor.

Carlos mira al profesor y le dice:

—Profe, usted no es mi profesor favorito, pero es un buen profesor. **Siento**[74] los comentarios inapropiados. Yo aprendo mucho en su clase.

—Está bien, comprendo —comenta el profesor.

Él mira a Jessica.

---

[74] I'm sorry

–Perdóname por mentir. Yo tenía mucho miedo. Tú eres mi chica ideal.

Jessica mira intensamente a Carlos. Ella mira a los estudiantes. Los estudiantes gritan:

–¡**Vaya!**[75]

–¡Qué romántico! –dice Sofía.

Jessica mira a Carlos y le pregunta:

–¿Por qué dices que tú no tienes interés por mí?

–Yo no **leí**[76] tu mensaje. El profesor de matemáticas **tenía**[77] mi móvil.

–¡El profesor de matemáticas también tiene mi móvil! –exclama Darnell.

–**Cállate**[78] Darnell, quiero escuchar a Carlos –dice Mari.

---

[75] wow!

[76] read

[77] had

[78] be quiet

El profesor Martín mira a Jessica y a Carlos. Él piensa inmediatamente en la profesora Mallory. Ella es muy bonita. El profesor Martín quiere hablar románticamente con ella, pero él también tiene mucho miedo.

Carlos continúa hablando con Jessica:

–Me gustas mucho. Me gustan tus ojos. Me gusta tu pelo. Me gusta tu ropa. Yo sé que tu color favorito es rosado.

En ese momento, Carlos saca un lápiz rosado de su bolsillo. El lápiz tiene una nota rosada. Él le da el lápiz con la nota a Jessica.

Jessica lee la nota.

–Lee la nota en voz alta, nosotros queremos saber qué dice la nota –le dice Silvia.

–¿Qué dice la nota? –le pregunta Darnell.

Jessica lee la nota:

«Tengo una confesión: Tú eres la chica más bella. Eres el amor de mi vida. Quiero ser tu novio. ¿Quieres ser mi novia?»

Mari responde: ¡Sí, quiero!

Todos los estudiantes miran a Mari porque ella contesta la pregunta de Carlos. Darnell le dice: «Cállate Mari» y la clase se ríe.

Los estudiantes miran a Jessica. Ella no dice nada. Todos esperan la respuesta de Jessica. Todos miran el reloj porque la clase va a terminar muy pronto.

De repente, Jessica responde:

–No, yo no puedo…

Todos están sorprendidos. Carlos está sorprendido y le dice:

–Jessica, lo siento…

Jessica interrumpe a Carlos.

–Carlos..no…Quiero decir que yo no puedo imaginar mi vida **sin ti**.[79] Sí, quiero ser tu novia. ¡Tú también eres mi chico ideal!

Él abraza a Jessica y trata de besarla cuando el profesor Martín lo interrumpe:

–¡No en mi clase!

La clase va a terminar pronto. Rubén camina enfrente de la clase y anuncia:

–Yo también tengo una confesión.

Los estudiantes gritan: ¡**Noooooooo!**

–¡Siéntate Rubén –dice Darnell.

Pero, Rubén ignora los comentarios de los estudiantes:

---

[79] without you

–Sofía tú me gustas mucho. ¿Quieres ser mi novia?

Sofía mira a Rubén y le dice:

–Sigue soñando.[80]

Rubén mira a Susana.

---

[80] keep dreaming buddy

–¿Susana, tú quieres ser mi novia? –
pregunta Rubén.

La clase se ríe y Susana piensa seriamente
en la pregunta de Rubén.

Cuando **suena la campana**, Carlos
camina hacia Rubén y le dice:

–**Sigue soñando.**

Después, le tira un beso. Carlos se ríe
mucho y se va de la clase con Jessica.

Después de la clase, Carlos abraza
a Jessica y **le da beso.**[81] De repente, el
profesor interrumpe el beso:

–Carlos, ven aquí.

–¿Qué tal profe? –responde Carlos.

–Eres un chico muy valiente. Quiero ser
valiente como tú –confiesa el profesor
Martín.

---

[81] gives her a kiss on the cheek

–Gracias, profe. Como usted dice "**hay que tomar el toro por los cuernos**[82]"–le dice Carlos.

«No es fácil»,piensa el profesor.

–Bueno, adiós. Carlos nos vemos el martes.

–Profe, le voy a ayudar –dice Carlos, **guiñándole el ojo.**[83]

Pero, el profesor Martín está confundido. No comprende el comentario de Carlos. «¿Carlos me va a ayudar?», «¡Es un chico loco!» piensa el profesor Martín.

---

[82] take the bull by the horns (expression)

[83] winking his eye at him

Capítulo 8
La vida es un carnaval

Después de la escuela, el profesor Martín termina su trabajo. Él guarda los materiales. De repente, la profesora Mallory entra a la clase. El profesor Martín está nervioso. Está nervioso porque la profesora Malloy es una mujer espectacular y le gusta mucho. Ella le sonríe a él. El profesor Martín también le sonríe a ella.

–Hola Felipe –le dice la profesora Mallory.

–Hola, ¿cómo estás? –responde el profesor Martín.

–Muy bien. No tengo que calificar los reportes. **Hicimos**[84] experimentos todo el día –comenta la profesora.

–Pues, es un día ideal.

El profesor Martín y Mallory se ríen. Él está muy feliz porque le gusta mucho la profesora.

–Pues, **recibí**[85] tu invitación –admite la profesora Mallory, sonriendo.

–¿Mi invitación? –responde el profesor.

–Sí, tu invitación a comer en el restaurante cubano "El Carnaval." ¿Cómo sabes que me gusta la comida cubana?

–¿El restaurante? ¿Yo? –le pregunta el señor Martín. Él no sabe de qué está hablando la profesora.

–Sí, tengo tu invitación aquí –dice la profesora, confundida.

---

[84] we did

[85] I received

En ese momento el señor Martín recuerda las palabras de Carlos «Profe, le voy a ayudar».

–Ah, sí… el restaurante cubano…

–¡Pues, mi respuesta es que sí! **Me gustaría cenar**[86] contigo esta noche. ¡Voy a ordenar frijoles negros, arroz, plátano y **lechón!**[87] –exclama la profesora Mallory.

–¡Genial! –responde el profesor Martín. Ahora él tiene que pensar en una excusa para tener más tiempo.

–…Voy a apagar la computadora y guardar las cosas. ¿Podemos salir en 10 minutos?

–Sí… ¡Yo no puedo esperar! Tienen un flan exquisito.

–Sí… el flan…es muy bueno –dice el señor Martín.

---

[86] I'd love to have dinner

[87] black beans, rice, plantain and pork

Ella está muy feliz porque **está enamorada**[88] de Felipe Martín. Pero, ella no le dice nada porque los dos son profesores en la misma escuela y los estudiantes son muy **chismosos**.[89] Ella va a su salón de clase para recoger sus cosas.

Mientras tanto,[90] el señor Martín organiza los materiales para el próximo día. De repente, ve el reporte de Carlos sobre su escritorio. Agarra la pluma roja y escribe una "A" en el reporte. Luego, él piensa en el restaurante:

«¡Caray! No sé dónde está el restaurante 'El Carnaval'».

El profesor toma el móvil y le pregunta a Siri:

---

[88] in love

[89] nosy

[90] meanwhile

«Siri, ¿dónde está el restaurante "El Carnaval"».

Siri: El Carnaval está en la intersección de la calle Juramento con la calle Congreso. Tiene cinco estrellas.

–¡Perfecto!..–dice el profesor.

El profesor está feliz. Sale del salón de clase. En ese momento él recuerda la canción de Celia Cruz "La vida es un carnaval." El profesor piensa en su **cita**[91] con la profesora y canta: "**La vida es un carnaval, azúcar!**[92]

Fin

---

[91] date

[92] famous line from song "La vida es un carnaval"

Glosario

abraza- s/he hugs; you hug

abre- he/she opens; you open

aburrido (a)- boring

adiós- goodbye

adónde- where

agarra -he/she grabs; you grab

ahora- now

aliviado- relieved

alto (a)- tall

amigos- friends

amor- love

ánimo- take courage

antes- before

apagar- to turn off

aprendo- I learn

aquí- here

a veces- sometimes

avergonzado -embarrassed

ayuda- he/she helps; you help

ayudo- I help

baila-s/he dances; you dance

bastante- enough

beso- the kiss

boca- mouth

bonito a)-pretty

bromista- prankster

buen- good

buscar - to look for

cajón- drawer

califica- s/he grades; you grade

camina -he/she walks; you walk

campana- bell

canta- he/she sings; you sing

caray- darn!

cenar- to eat dinner

cerca de- near to

chica- girl

chismoso (a)- nosy/gossipy

cobarde- coward

comer- to eat

cometen -they make; you all make/commit

como-as

cómo-how?

confundido (a)- confused

conmigo- with me

contestar -to answer

contraseña- password

correr- to run

cosa- a thing

cuando-when

cuento- I tell

da-he/she gives; you give

dame - give (it) to me

dar- to give

de acuerdo- in agreement

debaten- they debate

debatir- to debate

debe- he/she should; you should

debes- you must/should

de repente- suddenly

después- after

detrás- behind

dice- he/she says; you say

dijo- he/she said; you said

dónde- where

durante- during

empieza -he/she starts; it starts; you start

enfrente- in front of

enojado(a)— mad

enseña- he/she teaches; you teach

entra -he/she enters; you enter

eres- you are

es -s/he is; you are; it is

escribe- he/she writes; you write

escribes-you write

escribió- wrote

escritorio- desk

escuchan- they listen; you all listen

escuchar-to listen

escuché- I listened

escuela- school

ese-that

eso- that

espera- he/she waits; you wait

esperar- to wait

espere- wait!

espero- I am waiting

esposa- wife

rosado-red

esta noche- tonight

estar- to be

estás- you are

esto- this

estoy- I am

fácil- easy

felicidad- happiness

feliz -happy

fila- line

frijoles negros- black beans

fue-s/he was; you were; it was

fuertes- strong

genial- great

grita-he/she screams; you scream

(el) **grito**- a scream

guapo (a)- good-looking

guarda-he/she puts away; you put away

guardar- to put away

guarden- put away (command)

guerra-war

guiña-he/she winks; you wink at

guiñándole el ojo-he/she winks at (someone); you wink at.

(le) gusta-s/he likes; you like

gustaría-he/she would like; you would like

hablar- to speak

hace-he/she does/makes: you make

hacer- to do

hacia- toward

hay- there is/ there are

hermano- brother

hizo- he/she did; you did

lo siento- sorry

hombre-man

hoy-today

joven- young

jueves- Thursday

jugar- to pay

mano-hand

lápiz mecánico- mechanical pencil

pregunta-he/she questions; you question

puerta- door

lee-he/she reads; you read

leer- to read

leí -I read (preterit)

leo-I read

sonríe-he/she smiles; you smile

levanta-he/she raises; you raise

leyó -he/she read; you read

libro-book

llega- he/she arrives; you arrive

llora-he/she cries; you cry

loca- crazy

lo que- what

lo que pasó- what happened

lo rechazó- rejected him

ojos- eyes

hicimos- we did/made

luchar- to fight

luego- later

luz brillante- bright light

verdad- truth

manda-he/she sends; you send

mandó- s/he sent; you sent

maquillaje- makeup

más- more

más te vale- you'd better

media naranja- soul mate

mensaje- message/ text

mentir- to lie

mentira-a lie

mentiroso-liar

mete la pata- s/he "messes"; you "mess" up.

me veo-I look (see myself)

miedo- fear

mientras-while

mira-he/she looks; you look

miran- they look you all look

mirando- looking

misma- same/ herself

mochila- book bag

muerto-(a) dead

mujer- woman

muy- very

nada-nothing

necesitamos- we need

necesito- I need

nombre - name

novia-girlfriend

nuestros- our

oler- to smell

otro (a)- other

país-country

palabras- words

pantalla- screen

para-for

párrafo- paragraph

pasillo- hallway

pasó- happened

patán- jerk

pelo- hair

pensar- to think

pensé- I thought

peor- worst

perdóname- pardon me

Pero- but

Piensa-he/she thinks; you think

pienso -I think

pizarrón- board

pluma- pen

poco-little

por lo visto- from the looks of it

por qué -why

porque- because

plátano- plantain

preguntas- questions

primer- he/she

protegerse- to protect oneself (from harm)

próximo- next

puede- he/she can; you can

pues- well

pupitre- student desk

que- that

qué- what?

queremos- we want

quería- s/he wanted; you wanted

quién- who

quiere-s/he wants; you want

quieres- you want

quiero- I want

química- chemistry

rechazar-to reject

recoge- s/he picks up; you pick up

recoger- to pick up

reconoce -he/she recognizes; you recognize

recuerda-s/he remembers; you remember

regresa- he/she returns; you return

regresar- to return

respuesta- answer

revisa- he/she reviews; your review

riéndose- laughing

ropa- clothing

sabe -he/she knows; you know

saber -to know

sabías- you knew

saca- he/she gets/ takes out; you get

saca una buena nota- to get a good grade

sale-he/she leaves ;you leave

salón- room

salta-he/she jumps ;you jump

saquen- take out

sé -I know

se congela- it freezes

sentarse- to sit down

ser -to be

se ríen- they laugh; you laugh

se siente- s/he feels; you feel

sigue-s/he continues; you continue

sin- without

sobre- about

solamente- only

sol-sun

somos- we are

son- they are

soñando- dreaming

sonríe- s/he smiles; you smile

sonrisa- smile

soy-I am

suena- sounds

sueños- dreams

también- also

tampoco- neither

tan- so

tanto- so mucho

tarea- homework

tenemos- we have

tener-to have

tengo- I have

tenía-he/she had

termina- he/she finishes ;you finish

terminan- they finish

terminar -to finish

tiene-he/she has; you have

todo- all

todavía- still

toma-he/she takes; you take

tomó -he/she took; you took

Tirarle besos- s/she blows kisses (at someone); you blow kisses (at someone)

trabaja- he/she works; you work

trabajo- I work

traer- to bring

trata de besar- s/he tries to kiss

triste- sad

tuve - I had

tuvo -he/she had

va-s/he goes; you go

va a empezar- is going to start

valiente- courageous

vamos- we go

vas-you go

¡vaya! - wow!

vemos - we see

ven -come here (command)

veo- I see

verdad - truth

ve- s/he sees; you see

vida- life

voy -I'm going

voz- voice

Ya- already

¡Gracias por leer!

A. C. Quintero

Check out more titles!

Spanish Novels
For
Lower-Levels

Simple Language

Compelling storylines

Carlos is secretly in love with a girl in his Spanish class. However, when the teacher finds out about his classroom "crush" he tries to "play match-maker," and his efforts are disastrous. Carlos has to navigate awkward moments, a nosy teacher, and his own self-confidence to avoid making the ultimate confession... and he's not the only one!

Carlos leaves Spanish class utterly embarrassed, and his day goes downhill from there. From technical issues with his cellphone, to a sarcastic math teacher, he just doesn't get a break. Carlos is given one more chance to make things right...but, he messes that up too! Now, the advice of his friend could make or break his love life. Find out in part 2!

It's Esteban's birthday, but he can hardly get a break. First, his teacher forgets his birthday, and then Roberto, the bully is determined to destroy his special day. Esteban has to find the courage to stand up for himself, on this birthday!

Spanish Novels
For
Upper-Levels

Comprehensible Language

Compelling storylines

Camilo, one of the sweetest boys in Buena Vista, is wearing a mask. His girlfriend discovers his double life; but, he isn't the only one with compromising secrets. His house harbors a bigger secret that has haunted the town for years. "Las apariencias engañan" reveals the timeless truths that: things are never what they seem.

We've all heard the old adage, "If you play with fire, you will get burned." But some teens like to test the flames... Camilo is one of them. As his mask slowly starts to crack, his grip on reality is slipping away, and the door to his "closet" slowly opens, revealing fragments of his secret life and that of his family's. "El Armario" affirms that no one is perfect and we all have skeletons in the closet... But some bones are bigger than others.

Can an obsession with technology, turn deadly? Well, these techy teens are about to find out. Federico and his friends have an insatiable desire to "capture" and "record" every memorable moment. However, not all memories are created equal, and these boys are about to discover this harsh reality. Find out in "El Escape".